上海市工程建设规范

土地整治生态工程规划设计标准

Standard for planning and design of ecological engineering for land consolidation and rehabilitation

DG/TJ 08—2344—2020
J 15558—2021

主编单位：上海市建设用地和土地整理事务中心
批准部门：上海市住房和城乡建设管理委员会
施行日期：2021 年 6 月 1 日

同济大学出版社

2021 上海

图书在版编目(CIP)数据

土地整治生态工程规划设计标准/上海市建设用地和土地整理事务中心主编. —上海：同济大学出版社，2021.6

ISBN 978-7-5608-9739-4

Ⅰ.①土… Ⅱ.①上… Ⅲ.①土地整理-工程设计-设计标准-上海 Ⅳ.①F321.1-65

中国版本图书馆 CIP 数据核字(2021)第 088102 号

土地整治生态工程规划设计标准

上海市建设用地和土地整理事务中心　主编

策划编辑　张平官
责任编辑　朱　勇
责任校对　徐春莲
封面设计　陈益平

出版发行　同济大学出版社　www.tongjipress.com.cn
　　　　　（地址：上海市四平路 1239 号　邮编：200092　电话：021-65985622）
经　　销　全国各地新华书店
印　　刷　浦江求真印务有限公司
开　　本　889mm×1194mm　1/32
印　　张　2
字　　数　54 000
版　　次　2021 年 6 月第 1 版　2021 年 6 月第 1 次印刷
书　　号　ISBN 978-7-5608-9739-4
定　　价　20.00 元

本书若有印装质量问题，请向本社发行部调换　　版权所有　侵权必究

上海市住房和城乡建设管理委员会文件

沪建标定〔2021〕4号

上海市住房和城乡建设管理委员会
关于批准《土地整治生态工程规划设计标准》
为上海市工程建设规范的通知

各有关单位：

由上海市建设用地和土地整理事务中心主编的《土地整治生态工程规划设计标准》，经我委审核，现批准为上海市工程建设规范，统一编号为DG/TJ 08—2344—2020，自2021年6月1日起实施。

本规范由上海市住房和城乡建设管理委员会负责管理，上海市建设用地和土地整理事务中心负责解释。

特此通知。

上海市住房和城乡建设管理委员会
二〇二一年一月四日

前 言

本标准是根据上海市住房和城乡建设管理委员会《关于印发〈2016年上海市工程建设规范编制计划〉的通知》(沪建管〔2015〕871号)的要求,由上海市规划和自然资源局、上海市建设用地和土地整理事务中心会同有关单位共同编制而成。

本标准由总则、术语、生态本底调查与评估、工程布局、田块生态工程、水系生态工程、道路生态工程、缓冲带生态工程、生物保育工程、生态工程效益评估和相关附录组成,内容覆盖了上海市土地整治涉及的农田、水系、道路、缓冲带及生物保育等方面的生态工程规划设计。

各单位及相关人员在本标准执行过程中,请注意总结经验,积累资料,并将有关意见和建议反馈至上海市规划和自然资源局(地址:上海市北京西路99号;邮编:200003;E-mail:guihuaziyuanfagui@126.com),上海市建设用地和土地整理事务中心(地址:上海市北京西路95号18楼;邮编:200003;E-mail:307444412@qq.com),上海市建筑建材业市场管理总站(地址:上海市小木桥路683号;邮编:200032;E-mail:shgcbz@163.com),以供今后修订时参考。

主 编 单 位: 上海市建设用地和土地整理事务中心
参 编 单 位: 华东师范大学
上海营邑城市规划设计股份有限公司
上海戎禾城市规划设计有限公司
主要起草人: 侯斌超 孙彦伟 陈桂钦 陈雪初 丁 芸
崔浩然 刘 伟 张 彬 吴 睿 潘利平
黄莹莹 黄思聪 罗 坤

主要审查人: 李勤奋　车生泉　吕卫光　李　晨　赵井根
　　　　　　　徐贵泉　张　浪

上海市建筑建材业市场管理总站

目 次

1 总 则 ··· 1
2 术 语 ··· 2
3 生态本底调查与评估 ································ 4
　3.1 基础条件调查 ···································· 4
　3.2 生态本底调查 ···································· 4
　3.3 生态本底评估 ···································· 5
4 工程布局 ··· 6
　4.1 一般规定 ··· 6
　4.2 田块布局 ··· 6
　4.3 水系布局 ··· 7
　4.4 道路布局 ··· 7
　4.5 林网布局 ··· 8
5 田块生态工程 ······································· 9
　5.1 一般规定 ··· 9
　5.2 土壤质量保护 ···································· 9
　5.3 生态田埂(坎) ···································· 10
6 水系生态工程 ······································· 11
　6.1 一般规定 ··· 11
　6.2 引排水河道 ······································ 11
　6.3 灌排沟渠 ·· 12
　6.4 水质生态净化设施 ······························ 16

— 1 —

7 道路生态工程	19
7.1 一般规定	19
7.2 田间道和生产路	19
7.3 生物通道	19
8 缓冲带生态工程	22
8.1 一般规定	22
8.2 乔木、灌木缓冲带	22
8.3 草地缓冲带	23
8.4 片 林	23
9 生物保育工程	24
9.1 一般规定	24
9.2 田间湿地多样化与生境构建	24
9.3 鸟类栖息林营造	25
9.4 蛙类保育	25
10 生态工程效益评估	27
附录A 物种资源调查	28
本标准用词说明	32
引用标准名录	33
条文说明	35

Contents

1 General provisions ································ 1
2 Terms ·· 2
3 Ecological background survey and assessment ············ 4
   3.1 Basic condition survey ························ 4
   3.2 Ecological background survey ·················· 4
   3.3 Ecological background assessment ················ 5
4 Engineering layout ································ 6
   4.1 General requirements ························ 6
   4.2 Farmland layout ···························· 6
   4.3 Water system layout ·························· 7
   4.4 Road layout ································ 7
   4.5 Forest network layout ························ 8
5 Farmland ecological engineering ······················ 9
   5.1 General requirements ························ 9
   5.2 Protection of soil quality ······················ 9
   5.3 Ecological ridge ····························· 10
6 Water system ecological engineering ··················· 11
   6.1 General requirements ························ 11
   6.2 Drainage channel ···························· 11
   6.3 Irrigation and rainage ditches ··················· 12
   6.4 Ecological water quality purification infrastructure
      ·· 16

7 Road ecological engineering ·········· 19
　7.1 Generalrequirements ·········· 19
　7.2 Field road and production road ·········· 19
　7.3 Biological channel ·········· 19
8 Buffer zone ecological engineering ·········· 22
　8.1 General requirements ·········· 22
　8.2 Aobor, shrub buffer zone ·········· 22
　8.3 Grass buffer zone ·········· 23
　8.4 Patch forest ·········· 23
9 Biological conservation engineering ·········· 24
　9.1 General requirements ·········· 24
　9.2 Construction of field wetland and habitat ·········· 24
　9.3 Bushes and tussock ·········· 25
　9.4 Batrachia conservation ·········· 25
10 Evaluation of ecological engineering benifits ·········· 27
Appendix A　Species investigation ·········· 28
Explanation of wording in this standard ·········· 32
List of quoted standards ·········· 33
Explanation of provisions ·········· 35

1 总　则

1.0.1 为规范引导土地整治项目生态工程规划设计,确保生态工程规划设计效果和工程生态效益,特制定本标准。

1.0.2 本标准适用于上海市行政区域内开展的土地整治项目生态工程的规划和设计。

1.0.3 土地整治生态工程规划设计应符合土地整治规划,同时应与相关专项规划相衔接,并与土地整治项目总体布局相协调。

1.0.4 土地整治生态工程规划设计应根据项目区域调查评价的结果,查明项目区域主要生态状况和主要问题,明确项目区域土地整治各项生态工程布局,确定各项生态工程结构型式和设计参数。

1.0.5 土地整治生态工程规划设计应遵循生产与生态并重、近期与远期并举以及自然与人文并存的原则;应遵循连通性原则、最低扰动性和景观协调性原则。

1.0.6 土地整治生态工程规划设计的总体目标是项目区域生态环境质量有改善,生物多样性有提高,生态系统服务功能有提升,景观环境质量有提升,减少对原有生态环境的扰动,实现项目区域生态、生产、生活和谐统一与可持续发展。

1.0.7 开展土地整治项目生态工程规划设计,除应符合本标准外,还应符合国家、行业和本市现行有关标准的规定。

2 术 语

2.0.1 土地整治生态工程 ecological engineering for land consolidation and rehabilitation

为达到生态环境质量改善、生物多样性提高、生态系统服务功能提升等目标而实施的土地整治工程。

2.0.2 生物多样性 biodiversity

指生物的多样化和变异性以及物种生境的生态复杂性,包括研究区域内的植物、动物和微生物的所有种类及其组成的群落和生态系统。

2.0.3 生态田埂 ecological ridge

为降低农业面源污染和改善农田生物栖息地环境,对耕作田块田埂进行生态化改造后形成的耕作田块边界。

2.0.4 生态净化设施 ecological purification infrastructure

将水塘、缓冲带、林地等生态用地进行适当改造后形成的具有水体调蓄与水质净化功能的复合生态系统,用于削减农田排水或灌溉水中的营养盐和污染物的设施,包括生态砾石床、水生植物塘、表面流人工湿地、潜流人工湿地等。

2.0.5 生物保育 biological conservation

在生态本底调查的基础上,确定项目区应保留的重要生物栖息地、营造生物通道和栖息生境以保育本地物种的措施。

2.0.6 生物通道 biological channel

通过生态工程方式连接生物栖息地、农田、缓冲带形成的满足动物活动和迁徙需要的通道,包括水生动物通道、小型兽类通道、两栖类动物通道、爬行类动物通道等。

2.0.7 生物栖息地 habitat

项目区原有的或新构建的林地、草地、水塘、湿地、自然沟渠等可为生物提供掩蔽、繁育、索饵的生境区域。

2.0.8 生物连通性 biological connectivity

项目区关键动物如蛙类、小型兽类可到达的程度,即关键动物可达面积占总区域面积的比例。

2.0.9 农田防护林 farmland shelter belt

以保护农田、减轻自然灾害、提高作物产量和品质、保护农区生物多样性、提供生态缓冲功能、提高农田斑块间的连通性、改善乡村景观、控制非点源污染、保障农业生产条件为主要目的的防护林。

2.0.10 林带 forest belt

以带状形式营造的具有防护作用的树行的总称。

2.0.11 林网 forest belt network

由林带纵横交错地配置在农田上的众多网格组成的防护林。

2.0.12 片林 patch forest

以片状分布为主要特征、连续面积 0.067 hm^2 以上的森林或林地斑块。

3 生态本底调查与评估

3.1 基础条件调查

3.1.1 基础条件调查应包括自然条件、社会经济条件、土地利用和质量等级状况、基础设施条件的调查。

3.1.2 基础条件调查应按照现行行业标准《土地整治项目规划设计规范》TD/T 1012 的有关规定执行。

3.2 生态本底调查

3.2.1 生态本底调查应包括项目区进行的全域生物多样性普查和关键性节点（生态廊道或栖息生境）生物多样性详查。

3.2.2 生物多样性普查应在项目区进行野外调查和遥感监测，调查内容应包括动植物种类、生态系统类型。应依据国家和上海市重点保护物种名录，明确项目区域内需要保育的目标物种及其栖息生境区域。生态环境调查以及生态功能关键区域划分应按现行行业标准《生态环境状况评价技术规范》HJ 192 执行。

3.2.3 生物多样性详查应根据普查结果划分出的重要栖息地以及生态功能关键区域，开展生物多样性详查。主要调查对象应包括陆生植被、湿生与水生植被、鸟类、两栖类、小型兽类、环节动物、浮游生物、底栖动物和鱼类等。调查内容应包括物种的种类、分布、数量、食物来源、生境及质量、胁迫因子强度，调查表格可按本标准附录 A 选用。

3.3 生态本底评估

3.3.1 生态本底评估应包括整治区域水土环境的基本情况分析、重要生物栖息地(对于当地鸟类、鱼类、两栖类、爬行类生活繁殖具有重要支持作用的林地、湿地、湖泊、水塘等区域)以及生态功能关键区域(生态廊道、缓冲带、湿地、林地等)的空间分布状况分析。

3.3.2 生态本底评估应在土地整治工程实施之前进行,作为土地整治工程设计与建设的重要依据;土地整治工程实施完成之后,应开展生态本底二次评估,分析生态本底变化情况,如发现重要栖息地以及生态功能关键区域受损、生物多样性降低,宜及时修复。

3.3.3 重要栖息地以及生态功能关键区域的生物多样性评价应按现行行业标准《区域生物多样性评价标准》HJ 623 执行。

4 工程布局

4.1 一般规定

4.1.1 田块、水系、道路、林网等土地整治工程要素均应纳入项目空间布局规划。

4.1.2 规划布局应以高产稳产、优质高效、生态安全和景观多样为目标,引导农用地空间功能复合利用。

4.1.3 田块布局应保持地域景观生态格局,不宜过分追求机械化作业便利而破坏生态系统完整性。

4.1.4 水系布局应在维持沟渠灌排水功能的基础上营造多样的水流环境和水系景观,保护生物栖息地,保障动物迁徙畅通。

4.1.5 道路布局应满足项目区农业生产生活需求,宜采用生态型环保材料,合理布置道路林网和生物通道。

4.1.6 林网布局应以乡土植物为主,禁止使用外来入侵物种,应增强林网连通性和季相变化,预留生态廊道,形成生态网络。

4.2 田块布局

4.2.1 应根据地形和生产方式规划田块布局形态,相邻田块保持连通,构造"农田基质—斑块—廊道"合理镶嵌、斑块多样性高的农田生态景观格局。

4.2.2 田块长度和宽度规划设计应充分考虑不同类型区域特点,满足机械作业、灌溉排水以及防止风害等要求,降低对农田生态系统的扰动。

4.2.3 宜适度保留或设计承载生物多样性功能的林地、湿地、灌丛等半自然的生境岛屿,保证农田景观中半自然生境的比重。

4.2.4 宜保留或设计部分田间沟、养殖沟,引导农田立体生态种养模式。

4.3 水系布局

4.3.1 河流水系布局应与相关水系规划相衔接,可通过扩展边界、连通、导流等改造策略整治河道,提升水网连通度。

 1 避免对天然冲沟以及溪沟的改造,不宜对村级及村级以下等级河道截弯取直。

 2 宜采用自然软质驳岸、半自然驳岸等形式布设生态驳岸,生态驳岸占比不宜低于80%,保持局部弯道、深潭、浅滩、河滨带等自然景观格局多样性。

4.3.2 灌排系统布局应与相关水系规划相衔接。

 1 沟渠应沿农田边缘结合道路布设,避免深挖、高填,宜少占耕地,避免切割现有耕地。

 2 沟渠布设宜保留自然坑塘,可增设植草沟、透水材料等"海绵"设施调蓄雨水径流。

4.4 道路布局

4.4.1 应结合项目区生态本底调查进行交通组织和系统设计。

4.4.2 田间道路宜衔接原有道路布设,应避让敏感生境、少占耕地,避免挖填土方过大,不宜破坏原生植被。

4.4.3 田间道路应预留小型生物通道。

4.5 林网布局

4.5.1 应在农田斑块、廊道边缘地带或衔接处布置由乔灌木及地被植物组成的缓冲带。

4.5.2 林网布局应考虑生物多样性保护要求,布置生态廊道;候鸟迁徙生态廊道宜采用乔木类优势乡土树种,动物栖息生态廊道宜采用草本、灌木相搭配的模式。

4.5.3 宜选择抗性强、季相变化明显的树种改造保留林地斑块或林带,优化乔灌草搭配,增强垂直空间层次变化。

4.5.4 林网应充分利用现状林地资源并与规划区域性生态廊道相衔接,根据不同功能进行合理布局。

  1 沿江沿海防风林树种应以乔木为主,宜采用中等高度的速生树种。

  2 滨河防护林应乔木与灌木结合,宜选取抗土壤侵蚀能力强、截留氮磷营养盐能力高的树种。

  3 田间道路防护林可适度布设绿篱,路肩宜种植或保留根系发达、生命力强的草本或低矮灌木。

  4 景观林可结合旅游休憩等功能需求,在宜林区域适当种植观花观叶本土树种。

5 田块生态工程

5.1 一般规定

5.1.1 田块生态工程设计应注重提升耕地地力和土壤生态环境质量。

5.1.2 应减少对田块生态的扰动,建设生态田块,增强田块的生态服务功能。

5.2 土壤质量保护

5.2.1 土地平整过程应减少对生物重要栖息地、重要生境类型的开发和破坏。土地平整宜保留原有田埂、树林、池塘、沟渠、树篱及道路,减少使用重型机械设备。

5.2.2 田块平整时,应尽量避免打乱表土层与心土层,确需打乱时,应先将表土层进行剥离,待土地平整完成后,再将表土均匀摊铺到田面上,表土剥离应符合现行行业标准《耕作层土壤剥离利用技术规范》TD/T 1048 的规定。

5.2.3 产业用地复垦后进行平整,应重构表土层、心土层等土层结构,表土层利用应符合现行上海市工程建设规范《建设占用耕地表土剥离再利用技术标准》DG/TJ 08—2275 的规定。

5.2.4 实施土地平整后的区域,土壤环境质量应符合现行国家标准《土壤环境质量 农用地土壤污染风险管控标准(试行)》GB 15618 规定的农用地土壤污染风险筛选值标准。

5.2.5 土地复垦质量应符合现行行业标准《土地复垦质量控制标

准》TD/T 1036 的规定。土地平整完成后,应测定土壤中全氮、有效磷、速效钾等肥力指标,土壤肥力低于现行行业标准《土地复垦质量控制标准》TD/T 1036 相关标准的复垦土地,应按照现行行业标准《高标准农田建设标准》NY/T 2148 的要求提升肥力。

5.3 生态田埂(坎)

5.3.1 生态田埂(坎)的建造应以降低农田面源污染、为生物提供栖息地及通道为原则。

5.3.2 生态田埂(坎)应以土质材料为主,可利用本地土壤堆高形成,田埂(坎)宽度和高度应符合现行上海市地方标准《土地整治工程建设规范》DB31/T 1056 的规定。

5.3.3 生态田埂(坎)一侧宜布设底宽为 20 cm~80 cm、深度为 50 cm~100 cm 的矩形或倒梯形的土沟。

5.3.4 生态田埂(坎)应采用生物护坡,可用生态砖和植草袋在土沟两侧和底部铺设,可适当种植能提供蜜源、起到绿肥作用的植物。

6 水系生态工程

6.1 一般规定

6.1.1 改造现有水系宜采取生态化工程措施,提升农田灌排水水质。

6.1.2 应在保护原有水系自然生态功能基础上改善区域水生态环境,营造水生动植物栖息地。

6.2 引排水河道

6.2.1 断面形式宜多样化,一般采用复式断面和梯形断面,可根据生态要求和水流特性进行适度调整。

  1 选用复式断面的河道,应保留主河槽、河漫滩和过渡带等自然分区特征,同时保持一定的河漫滩宽度和植被空间,为生物提供栖息生境。

  2 采用梯形断面的河道,应结合生态护岸、生态绿化等措施,为生物栖息创造有利条件。

6.2.2 应依据河道平面及断面进行微地形设计,保留主河槽、河漫滩和过渡带等自然分区,形成深浅交替的浅滩和深潭,产生急流、缓流等多种水流条件,营造多样化生境。

6.2.3 河道微地形构建宜优先选用块石、石笼、木头等天然材料。

6.2.4 河道护岸设计应符合现行国家标准《堤防工程设计规范》GB 50286 的规定,并应符合下列要求:

  1 生态护岸应考虑生态环境修复及市民亲水需求。优先选取透水性强、多孔质构造的自然材料或近自然材料,为水生生物创造安全适宜的生存和生长空间。

2 生态护岸材料应满足结构安全、稳定和耐久性等相关要求,同时能较好地为河道生境的连续性提供基础条件。

3 护岸设计时,宜根据河道的水文特征、设计断面形式等核算不同材料的边坡稳定性,根据核算成果确定生态护岸材质。

6.3 灌排沟渠

6.3.1 灌排沟渠设计应符合现行国家标准《灌溉与排水设计规范》GB 50288、现行行业标准《渠道防渗工程技术规范》SL 18 和现行上海市地方标准《土地整治工程建设规范》DB31/T 1056 的相关规定,并应符合下列要求:

1 排水沟布置不宜截弯取直,避免破坏重要生物栖息地。

2 排水沟边坡宜采用缓坡设计,边坡宜采用多孔固化土、海绵土、镂空混凝土构筑且保证一定的粗糙度,在混凝土镂空处宜种植草皮护坡。

3 排水沟底部宜深槽设计,深槽可配合石梁工或其他固床工设置;沟底石块堆置或者不加封底,可隔一定距离设置混凝土或浆砌卵石固床工。

4 排水沟两侧宜配置低矮的植物,宽度大于 1 m 的渠道,两侧宜留 0.5 m 宽的灌草缓冲带。对于灌溉渠道或灌排两用沟渠,渠底不宜种植植物,渠壁上采取灌草结合的形式。排水沟渠壁可种植草本植物,渠底可种植水生植物。

5 灌溉渠道材料宜使用生态混凝土、生物砖、膨润土防水毯、土壤固化剂、海绵土等绿色生态的新型材料。

6.3.2 灌溉渠系生态工程设计应符合下列要求:

1 设计渠道高度小于 100 cm 时,应沿渠道边坡纵向布设单边阶梯式生态板,长度应为 20 cm～25 cm,宽度应为 5 cm～

8 cm,高度应为 10 cm～30 cm,其构造如图 6.3.2-1 所示。

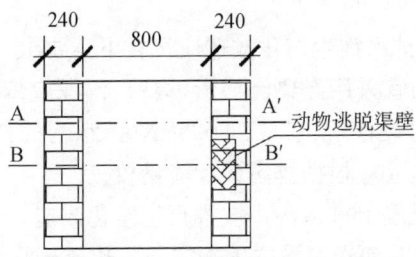

图 6.3.2-1 生态跳板工法示意图(mm)

2 设计渠道高度大于 100 cm 时,应沿渠道边坡纵向布设单边动物逃脱斜坡,长度为 100 cm,斜坡坡度为 1∶1～4∶1,宽度为 5 cm～20 cm,其构造如图 6.3.2-2 所示。斜坡段可采用植生型的绿化混凝土浇筑,亦可用小型石块、卵石堆砌,沿坡可种植草皮。

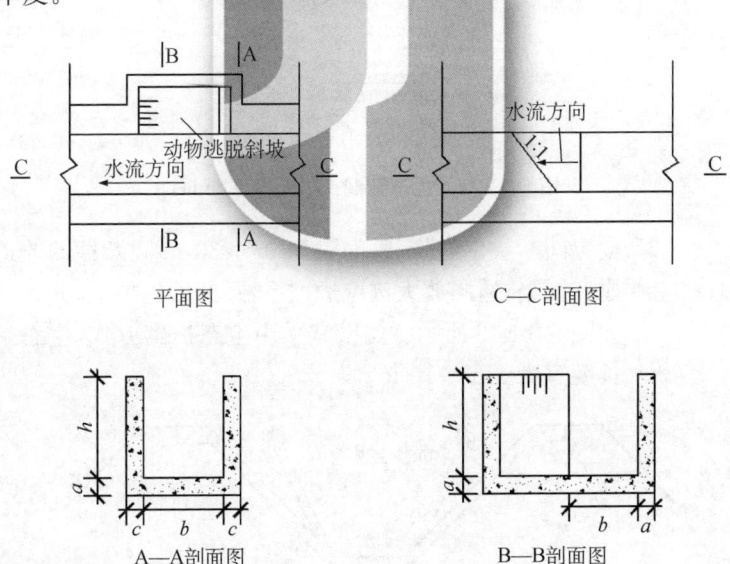

图 6.3.2-2 逃脱斜坡工法示意图

3 宜在渠道侧壁每隔 20 m～30 m 设置一段凹洞,提供较小鱼虾躲藏栖息的空间。

6.3.3 混凝土排水沟生态化改造应符合下列要求:

1 横断面宜采用经典倒梯形,沟壁、沟深应依据现行国家标准《灌溉与排水设计规范》GB 50288 对排水沟的排滞要求确定,沟渠上、下宽尺寸应根据排涝设计流量校核。

2 可对混凝土排水沟边坡进行生态化改造。

  1) 在沟壁和沟底设置生态空洞。孔径不宜大于 10 cm,开孔率不宜超过 20%,其构造如图 6.3.3-1 所示。

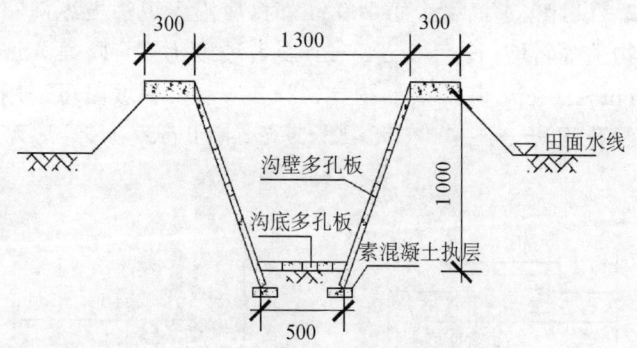

图 6.3.3-1 生态孔洞工法示意图(mm)

  2) 设置间断式生态带,每间隔 20 m～30 m 间断性的改造原有沟渠,适当放大沟壁边坡系数,回填种植土,其构造如图 6.3.3-2 所示。沟壁宜采用生态护砌方式,生态带长度宜为 5 m～10 m。

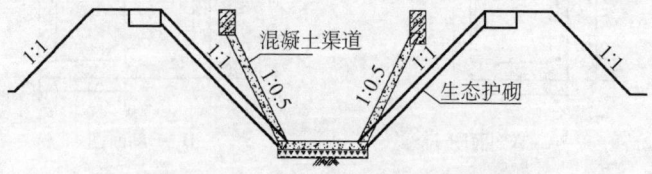

图 6.3.3-2 间断式生态带工法示意图

3 在不影响排水效果的前提下,可采取生态孔洞法、卵石法、深槽法等改造沟底结构形态,增强沟底与土壤的联系。

1) 可采用生态孔洞法,在原有混凝土渠道底部打设单排孔洞,并回填碎石与种植土。孔洞间距宜为 30 cm～60 cm,孔洞形状宜为圆形或方形,面积宜为 60 cm²～100 cm²。

2) 可采用卵石法,每间隔 10 m～20 m 间断性的去除原有沟渠底部混凝土,并压实后铺设卵石,铺设一段长为 1 m～2 m 的生态区段,卵石直径宜为 5 cm～10 cm,其构造如图 6.3.3-3 所示。

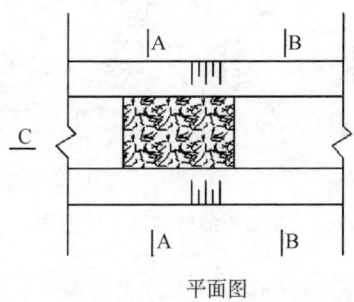

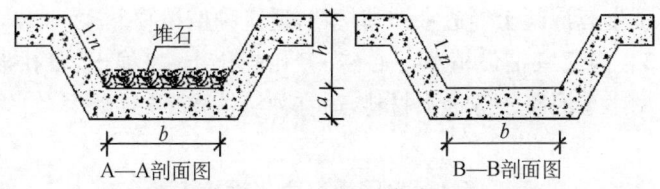

图 6.3.3-3 间隔堆砌块石工法示意图

3) 可采用深槽法,其构造如图 6.3.3-4 所示,每间隔 20 m～30 m 改造混凝土底部,挖掘长 1 m,深 30 cm～40 cm 的方形深槽,深槽四壁宜用半混凝土半浆砌块石,底部宜铺设 10 cm～20 cm 种植土,种植土表面宜覆盖直径为 3 cm～5 cm 的鹅卵石或碎石,可适当种植水生植物。

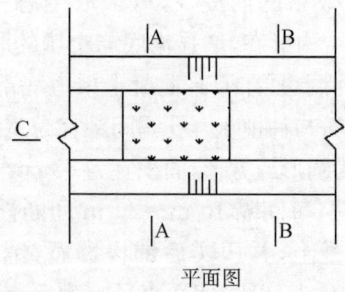

平面图

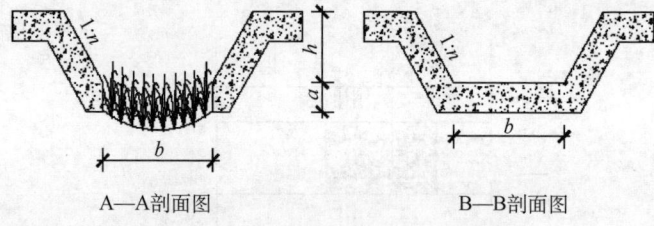

A—A剖面图　　　　B—B剖面图

图 6.3.3-4　梯形不加封底工法示意图

6.3.4 排水沟生态化设计宜符合下列要求：

1 沟壁宜采用植草空心砖、多孔固化土、海绵土、多孔板或植草型生态混凝土等透水护砌材料，适宜种植植物。

2 沟底宜铺设植草空心砖、多孔固化土、海绵土、多孔板或植草型生态混凝土等透水材料，适宜种植植物。

6.4　水质生态净化设施

6.4.1 灌溉水源水质低于现行国家标准《农田灌溉水质标准》GB 5084的有关规定时，宜结合土地整治工程建设灌溉引水生态净化设施；在水源保护区、重点河湖流域内实施的土地整治工程，可因地制宜地建设农田引排水生态净化设施，使灌溉用水的水质达到现行国家标准《农田灌溉水质标准》GB 5084的要求，农田排水应达到现行国家标准《地表水环境质量标准》GB 3838规定的Ⅴ类水标准。

6.4.2 生态净化设施水域面积应由农田排水量、水质和污染物面积负荷确定,可按下式计算:

$$A = Q \times (C_i - C_o) / N \qquad (6.4.2)$$

式中:A——净化水域的面积(m^2);

　　Q——生态净化设施最大日处理水量(m^3/d);

　　C_i——生态净化设施进水中污染物的浓度(g/m^3);

　　C_o——生态净化设施出水中污染物的浓度(g/m^3),污染物的浓度限值可按现行国家标准《农田灌溉水质标准》GB 5084的灌溉水质标准表取值,即生态净化设施单位面积单日输入的污染物的质量。

　　N——污染物面积负荷[$g/(m^2 \cdot d)$]。

生态净化设施主要收纳所服务农田区域产生暴雨径流时前2 h的水量,即为最大日处理水量,有条件的地区,可根据气象数据和现场实测结果确定;无数据基础和监测条件的,可按每公顷农田产流量120 $m^3/(hm^2 \cdot d)$设计最大日处理水量;五日生化需氧量(BOD_5)、总氮(TN)、氨氮(NH_3-N)和总磷(TP)的面积负荷,计算时,根据项目区域农田排水的污染情况、可利用的净化空间条件进行选择。土地整治生态工程中主要采用的农田尾水净化系统技术参数可按表6.4.2选用。

表6.4.2　常见农田尾水净化系统水域面积主要技术参数

污染物 面积负荷 N[$g/(m^2 \cdot d)$]	COD	BOD_5	TN	NH_3-N	TP
人工湿地	5.0~20.0	2.0~15.0	0.2~2.5	0.2~5	0.05~0.5
水生植物塘	3.0~10.0	2.0~8.0	0.2~2.0	0.2~3	0.05~0.5
生态砾石床	10~150	10~150	0.05~0.2	5~20	0.05~0.5

6.4.3 在不占用耕地的前提下,宜结合土地整治工程对现状用地进行适当调整,充分利用农田耕作区域现有的河道、水塘、沟渠、缓冲带、林地等生态用地,田间道路等农田水利附属设施,以及部分复垦建设用地,形成生态净化设施区域。

6.4.4 土地整治工程中,人工湿地的营造应符合现行行业标准《人工湿地污水处理工程技术规范》HJ 2005 的总体要求。人工湿地宜种植净化效果与景观效果较好的挺水植物。植物种植密度宜为 5 株/m^2～10 株/m^2。

6.4.5 土地整治工程中,水生植物塘应依照坑塘原有风貌建设,水体深度宜保持在 50 cm～150 cm,水力负荷宜为 0.8 $m^3/(m^2 \cdot d)$～1.2 $m^3/(m^2 \cdot d)$。

1 基底宜为土质;边坡宜为自然型缓坡,坡度应小于 1∶2;易受侵蚀区域,可铺设生态护坡砖。

2 堤岸边坡可在原有土质基质上种植水生植物,岸坡区(50 cm 以内水深)种植挺水植物,水深 50 cm～100 cm 水域种植莲等本土浮叶植物,其他区域种植沉水植物和浮叶植物。

6.4.6 土地整治工程中,可利用田间道路、缓冲带等营造地埋式生态砾石床,用于处理外部河道引水或地表径流。

1 生态砾石床宜为矩形或近矩形形状,砾石床填料为砾石,床深宜小于 1.5 m。

2 水力负荷宜为 8 $m^3/(m^2 \cdot d)$～10 $m^3/(m^2 \cdot d)$,水力停留时间宜为 1 h～4 h。

6.4.7 水系生态工程的应用辅助技术措施应符合下列要求:

1 水系生态工程的辅助技术措施可结合生态净化设施,应用于水系生态工程,鼓励采用新兴生态技术。

2 应根据当地农业灌排的实际情况与受纳水体的水质保护要求,确定不同类型生态净化设施的组合形式。

7 道路生态工程

7.1 一般规定

7.1.1 道路生态工程设计应符合现行上海市地方标准《土地整治工程建设规范》DB31/T 1056 的规定,路面、路基和路肩应设计生态化结构形式。

7.1.2 田间道路结构设计应考虑地块内动物的栖息地和通行廊道,以及植物种子传播的通道,减少对生物栖息地的破坏。

7.1.3 应利用原有道路,根据项目区域具体情况补充、增加生态化道路,新建道路应避免破坏生物栖息地和切断生物廊道。

7.2 田间道和生产路

7.2.1 田间道路设计应满足整治区内居民生产生活的需要,同时应兼顾景观生态斑块之间的连通廊道作用,提供动物栖息地和迁移的通道。

7.2.2 部分生产路可采用透水路面,透水路面的设计应根据不同的土壤条件和使用要求,选择适当的面层材料、透水性基层材料,保证路面结构层具有足够的整体强度和透水性能。

7.2.3 路肩宜结合绿化设计,在不影响周边地基基础的前提下,宜利用道路边沿区域构建下凹式绿地和植草排水沟。

7.3 生物通道

7.3.1 宜在沟渠、河流、水塘区域周围的水生动物重要栖息地保留规整出直径 2 m～3 m 的生态洼池作为水生生物通道。

7.3.2 应根据项目区域小型兽类种类、习性、活动范围的调查评价结果,设置小型兽类通道。应将涵管通道设置于小型兽类经常性迁徙、出没的区域。涵管底部宜铺设小型卵石或砂石营造粗糙表面。宜在涵管的入口处种植当地的植被或覆盖树枝、树叶;在连接林地、田间、灌木丛、水塘、湿地的道路两侧种植 1 行～2 行灌木。

7.3.3 应根据项目区域两栖类和爬行类动物种类、习性、活动范围的调查结果,设置田间两栖类、爬行类动物通道。应将动物通道设置于两栖类、爬行类动物经常性迁徙、出没的区域。

1 对两栖类、爬行类动物栖息地有阻隔作用的田间路、生产路,宜每间隔 40 m 距离在其下方布设生态管涵或生态孔,在管涵与田面交界处布设生态袋,生态袋中可种植菖蒲等植物。生态管涵通道的底面宜为泥土基底,可铺设小型卵石或砂石营造粗糙表面。其构造如图 7.3.3-1 所示。

2 对两栖类、爬行类动物栖息地有阻隔作用的硬质沟渠,宜每间隔 40 m 距离布设生态过道,主体可为钢结构凹槽等形式,架设在沟渠顶部,表面覆种植土。其构造如图 7.3.3-2 所示。

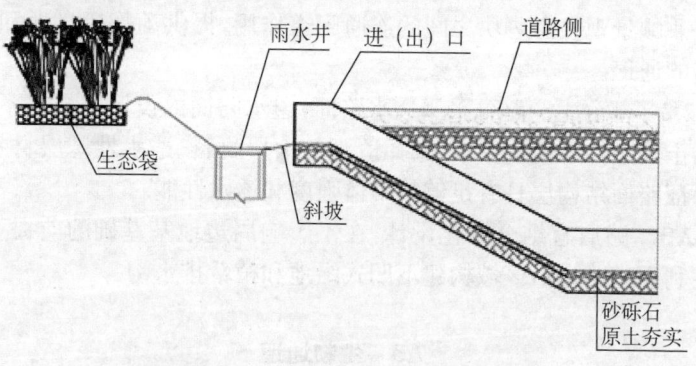

图 7.3.3-1 下穿道路的生物通道示意图

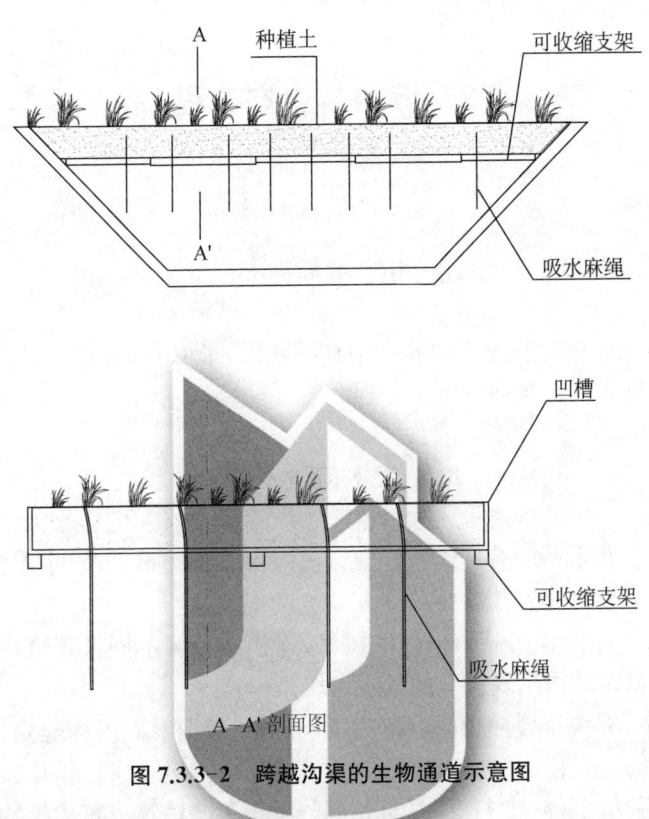

图 7.3.3-2 跨越沟渠的生物通道示意图

8 缓冲带生态工程

8.1 一般规定

8.1.1 应结合农业生产和农田林网建设,采取乔木、灌木、草地等多种形式营造缓冲带生态工程。

8.2 乔木、灌木缓冲带

8.2.1 乔木林的营造应符合现行上海市工程建设规范《生态公益林建设技术规程》DG/TJ 08—2058 的规定。

8.2.2 林种宜选冠小根深的树种,连接项目区不同景观斑块,避免项目区域内出现孤立的景观斑块。

8.2.3 乔灌草缓冲带的营造应"乔—灌—草"相结合,构建立体种植结构。宜在一、二级田间道、生产路和主沟渠的两侧与灌木相结合种植1行~2行乔木,林带间隔种植鸟嗜植物或蜜源植物,树下宜种植地被、多年生宿根、绿肥植物等本土植物。

8.2.4 对农田防护林进行修复和改造,宜补植本土植物,促进复层群落形成,有条件的区域,在防护林边缘种植灌木,内部种植地被植物。

8.2.5 宜在生产路、次沟渠两侧布置灌木缓冲带,营造田间生物岛屿和野生生物资源库,树种宜为本地种,每侧种植1行~3行。

8.2.6 宜在不规则田块边角区域种植1棵~5棵乔木。

8.3 草地缓冲带

8.3.1 草地缓冲带应布置在沟渠的坡面、底部，田间路与农田连接处的坡面。

8.3.2 坡面宜种植可持续提供花粉蜜源等昆虫食物的多年生开花植物、连续开花植物，同时搭配当地自然生野草。

8.3.3 积水渠底宜种植湿生植物，非积水渠底宜种植生命力强的草本植物。

8.3.4 植物应选择本土物种，适度保护利用原有的自然生野草。

8.4 片　林

8.4.1 片林的营造应符合现行国家标准《造林技术规程》GB/T 15776 的规定，片林应基于原有地形设计，面积宜不小于 200 m^2。

8.4.2 片林植物的配置宜采用复层群落的方式，林地边缘种植灌木，林地内宜种植地被植物。

8.4.3 植物应选择本土物种，地被植物宜选择生长力强的物种。

8.4.4 宜将生态廊道内等特殊范围需整治的废弃厂房、村庄、道路等不适宜农作物生长的区域营造成片林。

9 生物保育工程

9.1 一般规定

9.1.1 应根据调查结果识别与保留整治区内的重要生物栖息地，包括水塘、湿地、自然沟渠等。

9.1.2 生物保育工程应在区域生物栖息地识别的基础上，针对项目区域主要生态问题和农田关键物种（本地蛙类、鸟类），实施栖息地营造和斑块连通等工程。

9.2 田间湿地多样化与生境构建

9.2.1 田间湿地宜保留其自然形态。

    1 湿地下层基质宜为有机质含量高的自然土，上层铺设砾石。

    2 岸坡采用半混凝土半浆砌块石护岸，也可采用植草空心砖、多孔固化土、海绵土、格栅、石龙、松木桩等形式防护。

    3 湿地中宜种植莲藕、菱角、茭白、芡实等经济作物以及本土湿地植物。

    4 可根据当地需求放养经济鱼类，放养密度宜不超过 3 条/m^2。

9.2.2 田间宜依照坑塘原有风貌建设。

    1 水塘水体深度宜为 50 cm～150 cm。

    2 基底宜为自然土，无沉水植物生长的水域，基底上宜铺设厚度为 1 cm～5 cm 的砾石层或卵石层。

    3 岸坡宜采用缓坡设计。水塘常水位以下宜设置双排木桩或石笼,并种植挺水植物;常水位以上宜采用自然土护坡,并种植生命力旺盛的草本植物;岸上宜种植小型灌木;塘内宜种植沉水植物和挺水植物和浮叶植物。

9.2.3 湿地与水塘的水源为田间排水和雨水。农田或田间沟渠与湿地、水塘宜适当连通,暴雨条件下湿地、水塘可提供一定量调蓄库容,超出调蓄容量时,溢流至周边河道;有条件的情况下,构建内循环系统,即以湿地与水塘为基点,将农田、道路、林地、河道进行有机串联,保持水体流动性。

9.3 鸟类栖息林营造

9.3.1 应根据生态本底调查结果选择已有的本地片林、生态涵养林进行改造,种植适宜鸟类栖息、取食、筑巢的本土树种。

9.3.2 鸟类栖息林宜构建乔灌草复层结构,在林地周边种植灌木。

9.3.3 鸟类栖息林内可设置林窗,林窗区域可营造灌木丛、草丛、水塘和湿地等。

9.3.4 可通过种植经济作物、灌木丛等把分散的植被景观斑块连接为整体,构建生态廊道。

9.3.5 林木宜选择适宜鸟类栖息和营巢的树种。

9.4 蛙类保育

9.4.1 应根据生态本底的调查结果确定区域内需要保护及新建的蛙类栖息地斑块。

9.4.2 宜利用河道或水塘等建设蛙类保育设施和引导通道以复壮农田蛙类种群,其构造如图9.4.2所示。

  1 对于河道分隔形成的过渡区域,可在蛙类栖息地边缘略高于常水位处建设涵管,将田块与外侧河道边坡连通,并在涵管附近、河道边坡两侧利用松木桩、植草袋等构筑面积为 10 m²～20 m² 微型栖息平台,种植芦苇、香蒲等具有隐蔽作用的植物,形成生态踏脚石;在河道边坡靠近农田一侧建设青蛙跳板,并延伸至引排水沟渠。

  2 在蛙类栖息地近岸区域宜建构蛙类保育网箱,网箱水下深度 40 cm～60 cm,网眼 0.1 cm～5 cm,网箱表层可以结合浮床种植水生植物。

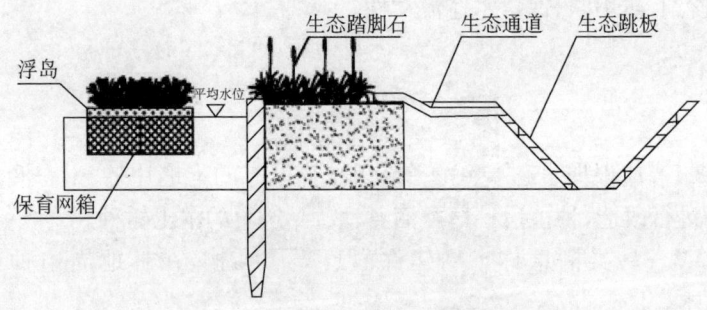

图 9.4.2 蛙类保育与连通通道示意图

10 生态工程效益评估

10.0.1 项目实施完成后 1 年内,应按照现行行业标准《生态环境状况评价技术规范》HJ 192 的要求分析工程实施对整治区域生物的生存环境和活动空间产生的影响,分析生态净化设施的净化效果。

10.0.2 项目实施后,应跟踪分析项目效果,每 3 年进行一次评估。

附录 A 物种资源调查

表 A.1 陆生植被调查表

网格编号： 区 镇 村 调查日期： 调查人：
群落类型及组成： 调查区域：

树种编号	种名	数量	分布方式	盖度	高度(m)	胸径(cm)(乔木)	生境	受威胁因素	备注
1									
2									
3									
4									
5									
6									
7									
8									
9									
10									

注：①群落类型：乔木、灌木、草本层主要的物种组成；②数量：物种的株(木本)、丛(草本)数；③分布方式：集中分布、片状分布、散生、零星分布；④盖度：指植物地上部分投影的面积占地面的比率，填百分比数值；⑤生境：沟渠、村边、路旁等；⑥受威胁因素：过度利用、生境破坏、病虫害等及潜在的威胁。

表 A.2 水生植物调查表

编号：　　　　水域：　　　区　镇　村　　调查地点：
群落结构：　　　　　　　调查人：　　　　　　日期：

序号	种名	覆盖度(%)	生境	受威胁现状及因素	备注
1					
2					
3					
4					
5					
6					
7					
8					
9					
10					

注：①生境：河边、河内、湖泊、水塘等；②受威胁因素：过度利用、生境破坏、病虫害等及潜在的威胁。

表 A.3 样线(带)法鸟类调查记录表

编号：　　区　镇　村　　日期：　　天气：　　能见度：
区域生境：　　样带长：　m，宽：　m　记录时间：　时　分至　时　分
地点：　　　　调查人：

编号	种类名称	数量	观察距离(m)	行为	栖息生境	居留型	备注
1							
2							
3							
4							
5							
6							
7							

续表A.3

编号	种类名称	数量	观察距离(m)	行为	栖息生境	居留型	备注
8							
9							
10							
11							
12							
13							
14							

注：①行为主要分为停歇、觅食、飞行等3种；②生境主要分为水域、林地、草坪、灌丛和建筑物5种类型；③居留型分为留鸟、繁殖鸟、冬候鸟等。

表A.4 两栖爬行动物野外调查记录表

表格编号： 区 镇 村 日期： 时间： 调查人：
植被类型： 调查方式及标准： 调查地点：

编号	种类名称	记录方式	数量	主要生境	栖息地	备注
1						
2						
3						
4						
5						
6						
7						
8						
9						

注：①记录方式：成体、幼体、蝌蚪、卵、鸣声等；②主要生境：林地、灌丛、农地、民宅、河流、湖泊、沼泽、临时水域、草丛；③栖息地：山坡、地面、水中(石上、石下、水面、水中)、水边(石上、土上、泥中)、树上(草、低矮树叶、树枝、高树叶)。

表 A.5　鱼类调查表

表格编号：　　　水域名称：　　　区　　镇　　村　调查地点：
调查日期：

编号	种名	数量	所占比例(%)	平均体长(cm)	所占比例(%)
1					
2					
3					
4					
5					
6					
7					
8					
9					
10					

本标准用词说明

1 为便于在执行本标准条文时区别对待,对于要求严格程度不同的词说明如下:
  1) 表示很严格,非这样做不可的用词:
    正面词采用"必须";
    反面词采用"严禁"。
  2) 表示严格,在正常情况下均应这样做的用词:
    正面词采用"应";
    反面词采用"不应"或"不得"。
  3) 表示允许稍有选择,在条件许可时首先应该这样做的用词:
    正面词采用"宜";
    反面词采用"不宜"。
  4) 表示有选择,在一定条件下可以这样做的用词,采用"可"。

2 条文中指明应按其他有关标准、规范和规定执行的写法为"应按……执行"或"应符合……的规定"。

引用标准名录

1 《农田灌溉水水质标准》GB 5084
2 《土壤环境质量 农用地土壤污染风险管控标准(试行)》GB 15618
3 《堤防工程设计规范》GB 50286
4 《灌溉与排水设计规范》GB 50288
5 《河道整治设计规范》GB 50707
6 《农田防护林工程设计规范》GB/T 50817
7 《生态环境状况评价技术规范》HJ 192
8 《区域生物多样性评价标准》HJ 623
9 《人工湿地污水处理工程技术规范》HJ 2005
10 《膜生物法污水处理工程技术规范》HJ 2010
11 《渠道防渗工程技术规范》SL 18
12 《土地整治项目规划设计规范》TD/T 1012
13 《土地复垦质量控制标准》TD/T 1036
14 《耕作层土壤剥离利用技术规范》TD/T 1048
15 《土地整治工程建设规范》DB31/T 1056
16 《生态公益林建设技术规程》DG/TJ 08—2058
17 《建设占用耕地表土剥离再利用技术标准》DG/TJ 08—2275

上海市工程建设规范

土地整治生态工程规划设计标准

DG/TJ 08—2344—2020
J 15558—2021

条文说明

2021　上海

目 次

- 1 总 则 ……………………………………………………… 39
- 3 生态本底调查与评估 …………………………………… 41
  - 3.1 基础条件调查 ……………………………………… 41
  - 3.2 生态本底调查 ……………………………………… 42
- 4 工程布局 ………………………………………………… 43
  - 4.1 一般规定 …………………………………………… 43
  - 4.2 田块布局 …………………………………………… 44
  - 4.4 道路布局 …………………………………………… 44
- 5 田块生态工程 …………………………………………… 45
  - 5.2 土壤质量保护 ……………………………………… 45
  - 5.3 生态田埂(坎) ……………………………………… 45
- 6 水系生态工程 …………………………………………… 46
  - 6.1 一般规定 …………………………………………… 46
  - 6.2 引排水河道 ………………………………………… 46
  - 6.3 灌排沟渠 …………………………………………… 47
  - 6.4 水质生态净化设施 ………………………………… 48
- 7 道路生态工程 …………………………………………… 49
  - 7.3 生物通道 …………………………………………… 49
- 8 缓冲带生态工程 ………………………………………… 50
  - 8.2 乔木、灌木缓冲带 ………………………………… 50
  - 8.4 片 林 ……………………………………………… 50
- 9 生物保育工程 …………………………………………… 51
  - 9.2 田间湿地多样化与生境构建 ……………………… 51
  - 9.3 鸟类栖息林营造 …………………………………… 51

Contents

1 General provisions ·· 39
3 Ecological background survey and assessment ············ 41
   3.1 Basic condition survey ······························· 41
   3.2 Ecological background survey ························ 42
4 Engineering layout ·· 43
   4.1 General requirements ································ 43
   4.2 Farmland layout ····································· 44
   4.4 Road layout ··· 44
5 Farmland ecological engineering ·························· 45
   5.2 Protection of soil quality ···························· 45
   5.3 Ecological ridge ····································· 45
6 Water system ecological engineering ····················· 46
   6.1 General requirements ································ 46
   6.2 Drainage channel ··································· 46
   6.3 Irrigation and rainage ditches ······················· 47
   6.4 Ecological water quality purification infrastructure
      ·· 48
7 Road ecological engineering ······························ 49
   7.3 Biological channel ·································· 49
8 Buffer zone ecological engineering ······················· 50
   8.2 Aobor, shrub buffer zone ···························· 50
   8.4 Patch forest ·· 50
9 Biological conservation engineering ······················· 51
   9.2 Construction of field wetland and habitat ············ 51
   9.3 Bushes and tussock ································· 51

1 总 则

1.0.5 "生产与生态并重"就是指在进行土地整治生态工程规划设计时,既要保证土地整治项目各项工程生产功能的高效运行,又要保证项目区域生态环境的提升,决不能以牺牲土地生态景观多样性为代价来提升土地生产效益。"近期与远期并举"是指针对项目区域主要生态状况和问题,兼顾解决当前急迫生态问题和长远生态环境营造。"自然与人文并存"是指在解决区域生态环境问题时,既要调控自然生态景观过程,又要保护区域人文、景观风貌,达到自然生态与人文风貌的和谐统一。

连通性原则是指工程设计要保证项目区域动物通行不受阻,廊道畅通、斑块相连。"最低扰动原则"是指工程设计要充分考虑工程施工中对区域动植物等生态资源的保护,将工程对其的不合理扰动降到最低。"景观协调性原则"是指"田、水、路、林、村、厂"等构成土地整治景观的要素实现协同一致。

1.0.7 有关标准包括《高标准基本农田建设 通则》GB/T 30600、《土地整治项目规划设计规范》TD/T 1012、《土地整治工程建设规范》DB31/T 1056。

《高标准农田建设 通则》GB/T 30600 是高标准农田建设标准体系的核心和基础,对于实现全国技术标准的统一,解决高标准农田"建什么、怎么建"的问题,实现国家标准、行业标准、地方标准上下结合、相互衔接具有重要作用。《高标准农田建设 通则》GB/T 30600 在田、土、水、路、林、电、技、管八个方面规定了高标准农田建设的基本要求;核心部分包括高标准农田建设基本原则、建设区域、建设内容与技术要求、管理要求、监测与评价、建后管护与利用六个方面。建设高标准农田是上海土地整治项目的主要目标之一,在《高标准农田建设 通则》GB/T 30600 中已明确规定的内容，本标准不再重复。

《土地整治项目规划设计规范》TD/T 1012规定了土地整治项目建设条件调查分析、规划设计、土地平整、灌溉与排水、田间道路、农田防护及生态环境保持工程设计、施工组织设计、土地权属调整、项目效益分析等内容，以及一般规定和技术要求以及工程设计公式、参数选取等。该规范适用于土地整治项目的规划设计，凡该规范中已明确规定的内容，本标准不再重复。

《土地整治工程建设规范》DB31/T 1056规定在工程类型区和工程模式划分的基础上，将上海市土地整治工程确定为土地平整工程、土地修复工程、灌溉与排水工程、田间道路工程、生态环境整治工程、村庄整治工程、其他工程和项目区域外相关工程等8个一级项目，29个二级项目，56个三级项目，并规定了各项工程的技术参数，是本标准的主要依据。凡该规范中已明确规定的内容，本标准不再重复。

3 生态本底调查与评估

3.1 基础条件调查

3.1.1 调查包括资料收集、座谈访谈、外业踏勘以及内业整理等工作。

资料收集包括矢量、栅格等图形资料以及技术报告、文献资料等文字资料的收集。图形资料包括地形图、第三次全国土地调查连续变更数据、特色乡土景观、重要物种生境栖息地和历史文化遗存的空间分布等矢量文件以及遥感影像等栅格文件。文字资料包括特色乡土景观、重要保护物种、生态环境整治等自然环境方面和民俗文化、民间传说、历史遗存等社会人文方面的技术报告和文献资料。

座谈访谈应针对土地整治区域的自然、生态、人文等要素展开现场访谈,核实有关资料。针对土地整治区域生物多样性、自然特征、整治意向以及乡土景观、民间传说等自然人文要素展开访谈,并对图形和文字资料中重要参数、关键问题进行现场座谈。

外业踏勘必须深入现场一一落实,并积极开展生物多样性等的外业调查,调查现状图纸比例尺不宜小于1:2 000。内业整理是将所调查对象的空间分布、空间形态、空间演变等信息录入地理信息系统(GIS),形成土地整治项目空间数据库。依据现状地形图、影像图等图纸,将重要自然景观、文化遗产、生境栖息地以及基础设施等关键性要素在现场落实位置,积极开展生物多样性调查,通过外业调查全面了解土地整治区域现状生态景观和历史人文特征。

可通过查阅土地整治区域所在区域的《水利志》《土壤志》和

保护物种名录等相关资料,获取自然生态方面的数据或信息;查阅《统计年鉴》《统计公报》《地方志》以及地域文脉、民间传说的相关资料,获取社会人文方面的数据或信息;梳理土地、农业、水利等相关部门的专项规划,获取地方发展相关导向和要求的数据或信息。

3.2 生态本底调查

3.2.2 生态本底详查可结合无人机观测、GPS定位追踪等先进手段,调查物种的数量和年龄结构。

4 工程布局

4.1 一般规定

4.1.2 在时间序列和空间序列上,土地整治生态工程要通过农林复合、农水复合和林水复合等复合利用新模式,推动农林水复合经营,有效调节农田微气候,实现农林水生态系统提质增效。

  1 农林复合。在时间序列上基于生长周期推动农林轮作,在空间序列上基于功能结构促进农林间作,在加强推动农田林网建设的同时,积极开展立体种养、复合种植等试点并逐步推广,实现农林并举,推动农林复合经营。

  2 农水复合。在完善农田水利设施、改善农业水土环境的同时,有条件的地区积极推广农水复合种养,营造近自然的农田湿地,改善农田生物多样性,保护农田生态环境,增强农业经济效益。

  3 林水复合。着重引导滨水地区的林带建设,积极营造生态型河岸缓冲带,形成健康永续的滨水生态系统,充分发展滨河水源涵养林的生态功能,截留过滤农业面源污染,优化景观环境,促进生态修复,提升生态效益。

4.1.3 田块布局过程中将大斑块和小斑块有机整合的同时,要保护原有生态系统的完整性和稳定性,适度提升生态系统服务功能。适度保护和营造半自然生境,构建马赛克式的、具有透水性和多孔的农田景观,提高景观空间异质性和多样性,为生物提供多样化生境。

4.1.4 沟渠的生态化布设宜在满足灌排效率、实现农田水利功能的基础上,尽可能减小对生态环境的影响。河流水系应尽量维持原貌,沟渠布设要与周围自然生态景观相协调,尽可能保证河流沟渠的自然性与多样性。注重保护生物栖息环境,为田间动物提供栖息、繁殖、摄食以及避难的空间,以维持动物正常的田间活动。

4.1.5 道路应满足交通运输、农机行驶和田间生产及管理的要求。要尽量避免道路的过度硬化,保证非硬质化或半硬质化道路的比重,增强透水性,改善道路聚热性能。此外,道路布局还应考虑动物栖息空间不被阻隔,并为动物迁移设置通道,保障其自由通行。

4.1.6 林网的构成应进行合理的配置,形成稳定的群落,景观配置应考虑四季变化且具备一定的美学价值,能够提高乡村景观异质性。在树种的选择上应以乡土树种为主,重视碳汇、抗污和抗病虫害树种的应用,保护乡土珍贵物种。通过林网建设将不同片区的植被连接起来,形成具有规模性的生态网络,提高景观连通性,降低农田和景观破碎化。

4.2 田块布局

4.2.3 农田中半自然生境能显著提升生物多样性。其布局可参考欧盟相关政策要求,农业景观应保持 5%～8% 的半自然生境,包括防护林、林地、灌丛、水塘和生态景观沟路等,以提高对害虫的防护。

4.4 道路布局

4.4.3 小型生物通道主要为两栖类、爬虫类和小型哺乳类动物预留生态涵洞和生态管涵等,保障被分割地块之间动物自由迁徙的安全。

5 田块生态工程

5.2 土壤质量保护

5.2.5 土地复垦

1 复垦土地地力恢复常规方法有：
   1) 可采取农作物秸秆进行覆盖,培肥熟化。
   2) 施用以厩肥为主的有机肥,并根据作物生长情况进行追肥。
   3) 种植绿肥,并在植物生长过程中将幼嫩的绿体进行翻压。
   4) 投加生物制剂,增加土壤生物群落。
   5) 优化种植结构,采用水旱轮作,农作物轮作等形式。

2 复垦土地地力恢复复合方法有：
   1) 在冬季种植耐瘠薄的肥田萝卜,待土壤肥力得到初步改善后,再种植紫云英等豆科绿肥。
   2) 夏季种植大叶猪屎豆等绿肥作物并施用磷肥。
   3) 在轮作换茬后期,合理安排种植不同作物,并尽量考虑不同作物的科属类型、根系深浅、吸肥特点及分泌物的酸碱性,并适当增施腐熟的有机肥。

5.3 生态田埂(坎)

5.3.1 生态田埂(坎)作为农田边界,既可为节肢动物如蜘蛛、步甲等提供多样、稳定的栖息地和越冬场所,也能为寄生蜂、大黄蜂等提供食物,还能为爬行动物、小型哺乳动物、鸟类提供食物和栖息地,增加农田的物种多样性。

6 水系生态工程

6.1 一般规定

6.1.1 生态化工程措施可参考本市水务部门编制的《上海市河道生态治理设计指南》。

6.2 引排水河道

6.2.1 河道断面设计

1 复式断面一般适用于用地较为充裕的河道。此类断面易构建利于生态系统恢复的基底条件,有利于河道中的水生动植物的生长,生态亲和性较好。

2 梯形断面一般适用于有一定充裕用地的河道。此类断面可构建利于生态系统恢复的基底条件,但因边坡的单一和水深的制约,能够生长水生植物的基底相对较少,生态亲和性一般。

6.2.2 河道微地形设计

1 深潭与浅滩宜成对设计。每个河湾段或者1 km以内的河道直线段宜配置一对深潭与浅滩,每对深潭、浅滩可按河宽的3倍~10倍距离来交替布置。在河湾段,深潭宜设在弯曲段外侧,浅滩宜设在弯曲段内侧。

2 浅滩及深潭布置可结合小型构筑物、河床抛石及人工鱼巢等进行设计。

  1)小型结构物:小型结构物可包括导流装置和生态浅坝等,可在河道内部形成多样性流态,改变流向。小型结构物有多种形式。

2) 河床抛石:河床抛石区面积不超过河底面积的1%～3%,河床抛石区宜根据河道形态呈斑块状分散,不宜过分集中;石块直径不小于0.3 m,每处抛石区石块间距至少2倍～3倍石块直径。
3) 人工鱼巢:鱼巢设计宜根据河道鱼类调查资料进行布设,优先考虑与亲水平台结合。鱼巢可采用植物根茎、木材、石材、多孔性混凝土及其他人工材料等。

6.2.4 河道建设相关技术文件包括《上海市河道规划设计导则》和《上海市海绵城市专项规划(2016—2035年)》等。

6.3 灌排沟渠

6.3.1 基本设计要求

1 缓坡可方便两栖类或哺乳类动物在水陆两域间来回迁移,同时可减少渠道内水位高低变化带来的生态冲击。边坡保持一定的粗糙度有利于动物的迁移和栖息。

2 深槽与固床工配合可达到维持水生生物生存环境与净化水质的双重功效。沟底堆石有利于维持水流速度,保证水生生物环境稳定。

3 植物种植应优先选择当地优势种,宜选择根系发达、生命力较强、生长繁殖快的植物。灌木可选择迎春花、马棘、火棘、野蔷薇、山栀子等,草本植物可选择狗牙根、黑麦草等,水生植物可选择苦草、金鱼藻等。

6.3.2 灌溉渠系生态工程设计

1 阶梯式生态板可避免田间一些两栖动物或小型哺乳动物等不慎掉入渠道无法逃出的状况。

2 动物逃脱斜坡上的草皮种植、石块堆砌等,有利于吸引动物沿坡上爬。

6.4 水质生态净化设施

6.4.7 水系生态工程宜结合辅助技术措施加以应用。

1 人工浮床技术适用水深较深、透明度较低、水生植物种植及存活较困难的河道；水质较差的河道，作为先锋技术逐步改善水体水质，不建议长期使用；需要景观点缀的河道，科学配置具有一定净化功能的各种观叶植物和观花植物。

2 人工增氧技术可用于水体流动缓慢、水质较差的河道。人工增氧技术的主要形式包括：叶轮增氧机、微泡增氧机等设置在河道内的原位增氧；利用水泵以喷泉形式增氧或跌水坝溢流增氧；岸边设置鼓风机，将空气通过管道输送至河道进行微孔增氧；太阳能循环复氧；等等。

3 生物膜技术可应用于水质较差的河道水质净化。生物膜技术使用方式包括：与浮床结合使用，悬挂在浮床下方；与鱼巢结合使用，直接把含填料的框架放置在河底，该方式应防止框架及填料被水流冲倒或冲走；将尼龙绳或者纤维绳等跨河面分别固定在两岸，绳上按一定距离垂挂填料。生物膜与鱼巢结合使用，既可起到净化水质的作用，同时又能发挥类似人工鱼巢的作用。该方式适用于不通保洁船的狭窄河道。

7 道路生态工程

7.3 生物通道

7.3.1 根据项目区域水生动物种类、习性、活动范围的调查评价结果,合理选择生物通道的布设位置。

8 缓冲带生态工程

8.2 乔木、灌木缓冲带

8.2.3 乔木、灌木缓冲带可起到面源污染防控、减缓地表径流流速等生态功能,同时可为鸟类等物种提供生存生境与食物,提高生态农业景观的异质性与连通性。

8.2.5 灌木缓冲带可以固持土壤、减缓径流、拦截扩散的颗粒物和农药,同时可提高农田景观的异质性和斑块间的连通性,为授粉昆虫、害虫天敌和鸟类等野生生物提供更好的栖息和扩散条件。

8.4 片 林

8.4.2 复层群落有利于提高绿量,提高物种的多样性和生态系统功能的稳定性。

9 生物保育工程

9.2 田间湿地多样化与生境构建

9.2.3 水体内循环系统可起到蓄留清水、消纳污染的效果,并可提供多样化的生物栖息地。

9.3 鸟类栖息林营造

9.3.4 坚果类、浆果类乔灌树种可以为鸟类等提供食物,同时也为小型兽类等提供栖息环境。地被植物可为昆虫等生物提供栖息环境与食物。